AF245742

FAITS ET PRINCIPAUX MOYENS

PRÉSENTÉS POUR

LES FRÈRES DES ÉCOLES CHRÉTIENNES

CONTRE

LA COMMUNE DE CALUIRE ET CUIRE

Les sieurs Vassel, Pierrot, Razuret et consorts

ET M. CHALLEMEL-LACOUR

———— ✧✧✧ ————

LYON

IMPRIMERIE MOUGIN-RUSAND

3, rue Stella, 3

——

1875

FAITS ET PRINCIPAUX MOYENS

PRÉSENTÉS POUR

LES FRÈRES DES ÉCOLES CHRÉTIENNES

CONTRE

LA COMMUNE DE CALUIRE ET CUIRE

Les sieurs Vassel, Pierrot, Razuret et consorts

ET M. CHALLEMEL-LACOUR

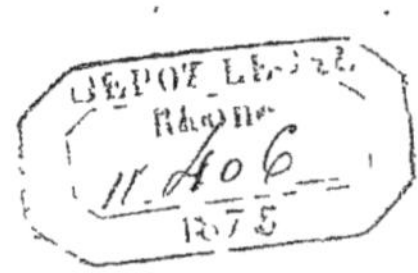

FAITS

COUR D'APPEL DE LYON

Première Chambre

Président
M. MILLEVOYE,
Premier Président.

Ministère public
ROBINET DE CLÉRY
Procureur général.

Au mois de juillet 1870, le journal *l'Excommunié* publie des articles diffamatoires et incendiaires contre les Frères des écoles chrétiennes.

L'Excommunié est l'organe des libres penseurs.

Il a pour principal rédacteur le sieur Grosdenis, qui signe Denis Brack, l'ami et le coréligionnaire d'André Vassel.

Ces articles sont condamnés par le Tribunal et la Cour de Lyon au mois d'août 1870; mais ils ont été répandus à profusion, et ils demandent avec de grands efforts de calomnie la destruction de l'Institut des Frères, au nom de la morale publique et de la dignité humaine.

Le 27 septembre 1870, ces menaces et ces projets sont exécutés par les hommes qui les ont conçus et promulgués.

A Lyon, suppression des trente-trois écoles communales dirigées par les Frères.

A Caluire, destruction, par une prise de possession violente, de la maison de retraite et de noviciat.

Plus d'enseignement par les Frères, plus de maison de novices, plus d'asile pour les vieillards infirmes ou débiles. L'institut tout entier sera ainsi anéanti, c'est bien le but qu'on se propose.

Pour déguiser cet attentat sous des apparences acceptables, les hommes de la libre-pensée invoquent, soit la nécessité d'envoyer sous les drapeaux tous les hommes valides, y compris les Frères, soit celle de se procurer des ambulances, des casernes ou autres locaux utiles à la défense nationale.

Les Frères ont d'avance rendu impossible l'admissibilité de ce prétexte.

Depuis un mois, tous les établissements sont offerts pour des ambulances, au ministre de la guerre.

Lettre du Frère Phillippe, du 15 août 1870.

Lettre du Frère directeur de Caluire, du 25 août 1870, au comité des ambulances.

Leur emploi comme caserne eût été certainement accepté par l'Institut, si le moindre désir eût été exprimé à cet égard.

Le 27 septembre 1870, le conseil municipal de Caluire, presidé par André Vassel, déclare qu'il adopte les mesures suivantes :

« Considérant que la patrie en danger a besoin de toutes les
« ressources de la France ;

« Considérant que l'immense établissement des *Frères Ignorantins*,
« situé sur notre commune, PEUT ÊTRE CONVERTI *en ambulance, ca-*
« *serne ou toute autre désignation jugée nécessaire par le Comité de la*
« *défense nationale ;* le Conseil municipal dans la séance de ce jour
« et A L'UNANIMITÉ A ORDONNÉ *le départ pour leurs foyers respectifs* de
« tous les *novices et Frères* résidant dans ledit établissement.

« Aujourd'hui vingt-huit, à midi précis, CET ORDRE leur sera si-
« gnifié *par les trois adjoints de la commune, accompagné, d'un piquet*
« *de garde nationaux, qui devra* S'Y ÉTABLIR ET A LEURS FRAIS JUSQU'A
« COMPLÈTE ÉVACUATION. »

Un inventaire sera fait par les trois adjoints.

En marge est écrit :

« Conseil municipal demande à l'unanimité *l'expulsion* de tous les
novices des *Frères Ignorantins* pour que la communauté *soit con-*
vertie en caserne ou ambulance. »

Vu et approuvé :

Le Maire,

Signé : VASSEL (André).

Le Préfet du Rhône,

Signé : CHALLEMEL-LACOUR.

Le conseil municipal de Caluire n'a reçu aucune demande de
l'autorité militaire, ou de l'autorité administrative ;

Il n'existe aucun besoin actuel et l'emploi de la propriété occu-
pée est indéterminé.

Toute légalité est méconnue.

La force communale est chargée d'exécuter cette décision attentatoire.

Le préfet Challemel-Lacour, qui n'est pas encore commissaire extraordinaire, n'ordonne rien de lui-même, mais approuve sur la demande qui lui est faite.

Les besoins de la défense nationale, ne sont invoqués que pour déguiser l'intention et le but réel.

Ces premiers actes le prouvent : tout ce qui leur succède le démontre de la manière la plus certaine.

Dès qu'on présente la délibération du 27 septembre 1870, au Frère Paulin-Marie, directeur de l'établissement de Caluire, il proteste contre cette occupation de la propriété.

S'il proteste c'est qu'on ne fait pas une réquisition nécessitée par les circonstances du moment.

C'est qu'il n'est question, ni de blessés ni de soldats à loger.

Trois jours avant, les Frères ont reçu un billet de logement, daté du 24 septembre 1870, pour héberger 20 militaires pendant trois jours.

Ces hommes n'étaient que seize, ils ont été accueillis et se sont retirés. Le 28, il n'y a plus personne, et aucun corps de troupes n'a besoin d'être caserné.

Si les Frères résistent et protestent, c'est qu'un rassemblement de gens armés et non armés veulent occuper de force leur immeuble, les en expulser, qu'il ne s'agit que de cela.

C'est que le caractère exclusivement attentatoire de la mission que le rassemblement vient remplir est bien compris de tous.

Le secrétaire de la mairie fait des représentations : il est révoqué.

Le garde-champêtre subit le même sort, à raison du blâme qu'il a fait entendre.

Plusieurs gardes-nationaux, en apprenant quelle besogne va être la leur se retirent; un certain nombre de gens coupables suivent le rassemblement et l'approuvent.

Les habitants honnêtes se ferment chez eux. On leur a dit qu'on se porte à l'établissement des Frères, ils défendent à ceux qui les intéressent d'assister à cet acte détestable.

S'il s'agit d'une réquisition pour la défense nationale, comment expliquer cette appréciation de tous?

Le 28 septembre, à midi, après avoir exhibé la délibération rapportée plus haut, malgré la protestation et la résistance du Frère directeur, le rassemblement pénètre de force dans l'immeuble.

Il se rend maître de la propriété tout entière, des vastes bâtiments, des 13 hectares de terrains; des sentinelles sont placées à toutes les issues de l'enclos.

Toutes les personnes habitant l'immeuble, 98 novices, 40 vieillards, 39 Frères pour le service, en tout 177 personnes, sont détenues comme prisonnières.

La plus grande partie de la bande arrive dans les salles, à l'aide de menaces, se fait servir à boire et à manger.

Ces hommes annoncent qu'il continueront à vivre ainsi tant qu'il restera un Frère dans la maison.

Le lendemain 29 septembre, la détention des personnes est rendue plus étroite et plus dure. Des sentinelles placées aux portes des bâtiments ne permettent plus d'en sortir.

Les mesures se multiplient et s'aggravent.

Le partage de l'immeuble entre les envahisseurs est l'objet principal de leur conversation.

Trois jours s'écoulent ainsi, sans que l'oppression, les menaces, les consommations de ce groupe d'hommes soient interrompues.

Il n'est pas question d'installer des malades et pas un seul homme à loger ne se présente.

La peur n'ayant pas réussi à chasser les propriétaires, on obtient le 1ᵉʳ octobre un ordre signé Veyrat, qui enjoint à une compagnie de garde nationale de la Croix-Rousse *d'expulser les Frères Ignorantins de Caluire.*

Il n'est pas question de réquisition, mais seulement d'expulsion des Frères de Caluire.

Le même jour 1ᵉʳ octobre, le citoyen Chavent, accompagné du maire Vassel et de trois inconnus, se présentent au Frère directeur et le somme d'évacuer la maison s'il ne veut pas qu'on appelle la garde nationale de la Croix-Rousse, pour obtenir par la force ce qui est exigé.

Le Frère directeur finit par consentir au départ des 98 novices, à la condition que les vieillards et infirmes resteront dans la maison.

Le 2 octobre, ces novices sortent et son dirigés à la hâte dans toutes les directions.

La détention du reste du personnel continue, et les consommations forcées ne font que croître.

Le 3 octobre deuxième délibération du Conseil municipal qui demande *que les maisons des Frères à Caluire soient déclarées propriétés communales,* et qu'elles soient mises à la disposition du Comité de la défense nationale, *pendant la guerre.* Les Frères, vieillards et infirmes, resteront jusqu'à ce qu'on leur ait trouvé un asile convenable. Une commission est nommée pour faire l'inventaire *du mobilier dans lesdites maisons.*

Le même jour 3 octobre, lettre du Frère directeur au maire Vassel, pour lui annoncer qu'il n'a plus les vieillards et les infirmes et l'inviter à donner des ordres pour la nourriture des gens postés chez lui, attendu qu'il est dans l'impossibilité de la leur fournir à l'avenir.

Le maire Vassel répond le 4 octobre, qu'il ne lui appartient pas de revenir sur les ordres qui lui ont été donnés; que la maison a été mise à la disposition du Comité de la défense nationale; que c'est à lui qu'il faut s'adresser pour obtenir permission d'y séjourner, ou d'y créer une ambulance.

Deux jours après, le même Vassel sollicite et obtient du préfet Challemel-Lacour l'autorisation d'expulser les Frères de leur maison.

La commission nommée dans la séance du 3 octobre arrive en même temps pour faire l'inventaire du mobilier de cette prétendue propriété communale, le Frère lui remet une protestation écrite.

Le maire Vassel demande le même jour, 6 octobre, au préfet Challemel-Lacour de l'autoriser à procéder *immédiatement* à l'expulsion des Frères, et à envoyer les vieillards à la Charité ou à l'Antiquaille. On remarque dans cette pièce les passages suivants :

« *Notre intention étant de mettre l'établissement* à la disposition de « la défense nationale, pour le convertir soit en ambulance, soit en « caserne ; de faire une *distribution régulière* des provisions aux « bureaux de bienfaisance de la commune, provisions qui consi- « tent en : riz, haricots, pommes de terre, etc. Les vins seront ven- « dus au profit des mêmes bureaux. »

C'est donc bien la commune qui s'est appropriée l'établissement, puisqu'elle annonce son intention de le mettre à la disposition de la défense nationale.

C'est donc bien une prise de possession par elle des biens, meubles et immeubles, puisqu'on prévient le préfet qu'on fera des distributions régulières, aux bureaux de bienfaisance de la commune et qu'on vendra les vins au profit des mêmes bureaux.

M. Challemel-Lacour annote de sa main cette demande et écrit au bas ces mots : « Autorisation est donnée de conduire les vieil- « lards et les infirmes restés dans la maison des Frères de Caluire, « à la Charité ou à l'Antiquaille, aux frais de la commune. » Il n'autorise pas le reste, dit-on, mais ce qui est certain aussi, c'est qu'il ne l'interdit pas, et c'est chose grave.

Le 8 octobre, les mêmes hommes, assistés de la même force, expulsent les quarante vieillards qui étaient dans la maison.

Les incidents les plus douloureux se produisent pendant cette opération aussi inhumaine que scandaleuse et inutile.

Le même jour 8 octobre, une des voitures qui avaient emporté les vieillards hors de leur asile, ramène à l'établissement de Caluire le sieur Denis Brack, qui est installé par son ami Vassel, comme régisseur, au nom de la commune et s'établit là, avec une femme qu'il dit être la sienne.

Pendant les dix jours qui viennent de s'écouler depuis le 28 septembre, on n'a pas encore pillé ou dévasté, parce que la présence des Frères a été un obstacle. Il y a eu invasion illégale et violente de la propriété. Détention arbitraire des Frères. Consommations forcées par trente ou quarante hommes armés ou non. Renvoi des novices sous l'empire des menaces. Expulsion brutale des vieillards et infirmes.

Aussitôt après la disparition des Frères et l'installation de Denis Brack au nom de la commune de Caluire, le pillage commence sur une large échelle.

Ceux qui s'y livrent sont, quelques-uns, des hommes armés et mis en sentinelles, et d'autres personnes appelées à jouir de cette propriété communale, 13 octobre, à trois heures et demie, enlèvement de farines sur une voiture.

Le même jour, à la même heure, les gardes nationaux Viollet, Martin, Lanes, Machinoud, Regard (Etienne), Louis Roussin, de la sixième compagnie, emportent de volumineux paquets.

(Rapport du capitaine commandant la première compagnie.)

14 octobre 1870, Languin (Pierre), demeurant cours d'Herbouville, 27, emporte un paquet contenant pantalons et chaussures, (procès-verbal Bellemin.)

Chars et charrettes, animaux de trait, bétail et porcs, grains, lingerie, meubles de diverse nature, livres, conserves et confitures, ustensiles, farines, sont enlevés et enrichissent les boutiques voisines ou affluent dans le village de Rillieux

D'après l'expert Bissuel commis par justice, avant l'inventaire dressé par le sieur Guelle avec l'assistance de Denis Brack, la valeur des objets pillés s'élève à 21,492 fr. 36; plus tard, il disparait pour une valeur de 53,763 fr. 61.

Le 9 octobre, nouvelle délibération du Conseil municipal de Caluire, on y lit :

« Que le maire a fait conduire avec tous les soins nécessaires
« soit à l'hospice de la Charité de Lyon, soit à l'hospice de l'Anti-
« quaille, pour être soignés au frais de la commune, les vieillards,
« les malades ou infirmes, *qui restaient dans l'ancien établissement*
« *des Frères des écoles, aujourd'hui propriété communale,* et IL A PRIS
« POSSESSION DÉFINITIVEMENT DE CET ÉTABLISSEMENT.... »

Si le doute avait pu exister sur l'intention et le but des Conseillers municipaux de Caluire, cette délibération le ferait absolument cesser.

Le lendemain de l'expulsion des Frères, leur établissement est déclaré propriété communale, et le maire, rendant compte de la mission reçue par lui, annonce qu'il *en a pris possession définitivement*.

Le Conseil municipal, s'occupe ensuite de la destination à donner aux provisions et aux récoltes sur pied, il décide :

« Que les récoltes pendantes ou sur pied, les provisions trouvées « *dans l'ancienne propriété des Frères à Caluire*, AUJOURD'HUI PRO-« PRIÉTÉ COMMUNALE, seront vendues aux enchères publiques......;

Que la literie sera conservée, *la maison devant être mise à la dis- position du Comité de la guerre*, pour en faire une caserne ou une ambulance;

« Que le produit de cette vente, prélèvement fait des dépenses « faites ou à faire, *soit pour l'expulsion des Frères, soit pour la garde* « *de la propriété*, sera employé aux œuvres de bienfaisance qui se-« ront déterminées ultérieurement par le Conseil municipal ; »

Que cette délibération sera soumise à l'approbation de **M.** le Pré- fet du Rhône, avant de recevoir son exécution.

Cette transformation en propriété communale, cette prise de possession définitive, cette vente des provisions et récoltes, ce prélèvement des frais d'expulsion et de garde de la propriété, cet emploi du produit des ventes à déterminer par le Conseil muni- cipal, qu'est-ce que tout cela a de commun avec une réquisition pour la défense nationale ? N'est-ce pas cependant la suite immédiate de l'ordre d'occupation et d'expulsion ?

M. Challemel-Lacour a-t-il approuvé cette délibération ? Il n'y a pas de pièce qui l'établisse, mais on doit le supposer, car l'exé- cution de la délibération eut lieu sans aucun délai. Une affiche portant la date du 10 octobre 1870, fut apposée et annonça la vente.

Il n'y est plus question du receveur municipal. Le percepteur, M. Lacombe, protesta et déclara qu'il se refusait à participer à ces spoliations odieuses.

Les Frères, avertis par l'affiche des nouveaux faits qui allaient s'accomplir, essayèrent de les empêcher.

Le 13 octobre 1870, le Frère directeur adressa à M. le Préfet du Rhône une protestation pleine de sens et de modération, il ne reçut aucune réponse.

Le 14 octobre, sommation fut signifiée aux 23 Conseillers municipaux d'avoir à s'abstenir des ventes annoncées, sous risque d'être rendus personnellement responsables.

Le même jour, 14 octobre, défense est faite à tous les Commissaires-Priseurs de Lyon de prêter leur ministère à ces ventes, et procès-verbal de constatation fut dressé par l'huissier Borgat.

Les Conseillers municipaux prirent alors de l'inquiétude.

Le 15 octobre, délibération qui ajourne les ventes et nomme deux capitaines de la garde nationale pour veiller à la conservation des provisions et objets mobiliers. C'était trop tard.

Le 16 octobre, autre délibération plus significative encore, un des Conseillers proteste contre ce qui s'est passé chez les Frères, et treize autres appuyent sa protestation, en déclinant toute responsabilité à raison de ce qui a eu lieu à l'établissement de Caluire, du 9 au 15 octobre.

Le maire Vassel défend ses actes. Il déclare *qu'il va faire de nou-*

velles démarches pour obtenir que l'administration prenne possession de l'établissement au nom du Comité de la défense nationale, et pour que décharge complète soit assurée à la commune.

Vassel finit par obtenir, au bout de trois jours, que des troupes irrégulières soient logées dans l'établissement.

Le 19 octobre, arrivée dans la maison, des Francs-Tireurs des Vosges, et ordre au capitaine Bellicart de retirer les gardes nationaux ayant occupé l'immeuble jusqu'alors.

Denis Brack reste comme gouverneur, au nom de la commune.

Ici s'arrête une seconde période qui a duré onze jours, du 8 au 19 octobre, et pendant laquelle ont eu lieu des pillages considérables.

Du 19 octobre 1870, au milieu de janvier 1871, diverses troupes sont logées dans les bâtiments et y commettent quelques dévastations ou dégâts.

La commune de Caluire ne cesse pas pour cela de détenir l'immeuble et de le considérer comme sa propriété.

Elle y maintient un régisseur qui y habite et en dispose.

Elle procède à la vente des provisions et récoltes.

Elle afferme les terres et administre ce qu'elle considère comme sa chose.

Le 19 octobre 1870, citation en référé du maire Vassel par les Frères, pour que les ventes des provisions et récoltes soit interdites.

Vassel fait défaut; mais le 22 octobre, ordonnance de M. Giraud, faisant fonction de président, qui interdit les ventes, et fait défense aux Commissaires-Priseurs, ainsi qu'à tous autres officiers ministériels d'y procéder.

Acte donné aux Frères des réserves de leurs droits et actions pour réclamer des dommages et indemnités.

M. Challemel-Lacour fait appeler le commissaire-priseur Remy, qui a la clientèle de l'administration. Il lui donne l'ordre de procéder aux ventes interdites. Celui-ci, malgré l'insistance pressante du Préfet et sa menace de lui retirer à l'avenir toute mission, refuse absolument son concours.

Le 28 octobre, arrêté de M. Challemel-Lacour qui autorise le maire de Caluire à procéder à la vente des animaux, farines, grains, fourrages, vins, huiles, légumes et fruits qui se trouvent dans l'établissement de Caluire, et qui décide que les fonds provenant de la vente seront déposés à la trésorerie générale, *pour être appliqués aux dépenses de la défense nationale.*

Ont lit dans les motifs de cet arrêté :

« Vu la délibération en date du 27 septembre dernier, par la-
« quelle le Conseil municipal de Caluire *a ordonné,* DANS L'INTÉRÊT
« DE L'ORDRE PUBLIC, *l'expulsion des Frères de la Doctrine chrétienne*
« *de leur établissement de Caluire,* et a décidé que cet établissement
« serait converti en ambulance ou caserne. »

Le Préfet constate lui-même, qu'il n'a pas fait de réquisition, que c'est le Conseil municipal qui a ordonné l'expulsion des Frères, et qui l'a ordonnée *dans l'intérêt de l'ordre public.*

29 octobre 1870, nouveau placard apposé pour annoncer cette vente.

Le receveur municipal s'abstient et il n'est plus question de lui.

Les Commissaires-Priseurs se refusent à paraître.

Le 30 octobre et jours suivants, vente en présence du maire

Vassel, de Denis Brack, de Rivière aîné, Razuret et Pierrot, pour une somme de 5,268 fr. 85 cent.

Cette somme n'est pas versée à la trésorerie générale conformément à l'arrêté du 28 octobre.

4,000 francs sont remis au Comité démocratique des citoyennes Lyonnaises sous le patronage de la loge de la Croix-Rousse.

Lettre du 19 décembre 1870, signée Gomot, autorisant cet emploi.

Reçu donné le 23 décembre 1870, par Marie Duguerry, trésorière des citoyennes Lyonnaises.

26 décembre 1870, délibération du Conseil municipal, qui accorde à madame Vassel, sur sa demande, 288 fr. 75 provenant des ventes pour les employer en bonnes œuvres.

15 décembre 1870, nouvel arrêté du préfet Challemel-Lacour, commissaire extraordinaire de la République. Il autorise le maire Vassel, « à prendre toutes les mesures qu'il jugera convenables *pour*
« *gérer l'ex-propriété des Frères de la Doctrine chrétienne à Caluire*, et
« A AFFERMER EN PARTIE OU EN TOTALITÉ LES TERRAINS DÉPENDANT DUDIT
« ÉTABLISSEMENT, et consistant en vignes, prés et jardins.
   « Les fonds provenant *de ces revenus* seront déposés à la trésore-
« rie générale *pour être appliqués aux dépenses de la défense na-*
« *tionale*.
   « Le citoyen Vassel est, en outre, autorisé à pourvoir, s'il y a lieu,
« au remplacement du directeur actuel de l'établissement, et à
« choisir les employés nécessaires à l'exploitation, comme aussi à
« fixer leurs appointements. Ces employés devront être soumis à
« notre agrément, dit l'arrêté. »

Est-ce que cette étrange exploitation des treize hectares de la propriété des Frères ; est-ce que l'emploi plus étrange encore des revenus de ce vaste immeuble ; est-ce que ce mode d'administration communale avec agrément des employés par le Préfet, sont le résultat d'une réquisition pour casernement des troupes, ou pour des logements militaires ?

Il n'en est pas question une seule fois.

20 décembre, assassinat du commandant Arnaud, à la Croix-Rousse.

Denis Brack, directeur communal de l'immeuble de Caluire, accusé de complicité dans ce forfait, prend la fuite.

Le même jour, le maire Vassel lui nomme pour successeur Rivière (Benoît), dont il fixe les appointements à 250 fr. par mois, tout compris.

Cette fois-ci c'est l'exécution de l'arrêté de M. Challemel-Lacour du 15 décembre.

Le même arrêté reçoit une autre exécution importante. Le maire Vassel divise les treize hectares de la propriété en onze lots, qu'il afferme à onze habitants de Caluire ou des environs.

Au commencement de janvier 1871, les diverses troupes ayant abandonné les vastes bâtiments des Frères, le Préfet les met à la disposition du général commandant le camp de Sathonay.

La commune de Caluire continue à détenir tout l'immeuble par son directeur gérant Benoit Rivière.

Projet de créer un hôpital et quelques aménagements sont commencés par le génie militaire.

Ce projet est presque aussitôt abandonné que formé.

Le 27 mars 1871, lettre du nouveau préfet, M. Valentin, qui annonce au maire de Caluire « que le ministre de la guerre a décidé « qu'il n'y aurait plus de troupes logées dans l'établissement des « Frères et que cet établissement doit être restitué à ses proprié- « taires. »

Le maire Vassel ne tient aucun compte de cette communication et continue la détention de l'immeuble au nom de la commune.

Les Frères sont obligés de recourir aux poursuites judiciaires.

Le 28 mars 1871, ordonnance du Président du Tribunal qui décide que dans les trois jours après la signification qui en sera faite les Frères sont autorisés à se remettre en possession de leur propriété, et nomme M. Bissuel, expert, pour constater et estimer les pertes et dévastations.

Signification le 12 avril 1871 de cette ordonnance dans les bureaux de la mairie de Caluire, où l'adjoint Pierrot, d'après les instructions du maire Vassel, refuse de recevoir la copie et de la signer.

Le 19 avril, l'huissier Borgat va exécuter l'ordonnance relative à la reprise de possession de l'immeuble. Il trouve le gérant communal Rivière, qui déclare être prêt à se retirer ; mais qui fait connaître que la propriété est affermée à onze fermiers dont il indique les noms, se refusant d'ailleurs à les expulser.

Le 25 avril 1871, nouvelle ordonnance de référé, qui décide que dans les trois jours de sa prononciation, les fermiers délaisseront les terrains.

Le 8 mai 1871, procès-verbal d'expulsion dressé par l'huissier Borgat. Les Frères reprennent possession de leur immeuble.

Depuis sept mois la commune de Caluire a occupé sans interrup-
tion, tantôt par un rassemblement armé, tantôt par ses gérants,
cette vaste propriété.

Le supérieur général et le frère Dugave ont assigné la commune
de Caluire, M. Challemel-Lacour, les Conseillers municipaux *ut
singuli*, le département du Rhône et l'Etat Français, pour obtenir les
réparations civiles qui leurs sont dues.

Un jugement du 19 juin 1872, de la première Chambre du
Tribunal de Lyon, a accueilli leur demande et fait droit à leurs
conclusions.

. La commune de Caluire, M. Challemel-Lacour, les Conseillers
municipaux, les sieurs Brunier et Rivière ont interjeté appel ;

La Cour de Lyon, à la date du 30 juillet 1873, a rendu un arrêt
de sursis.

L'affaire soumise à la Cour, après les délais qu'elle avait impartis,
y a été plaidée de nouveau.

Le 4 août 1874, la Cour a déclaré le partage et renvoyé après
vacations pour entendre de nouveau les plaidoiries.

Elles ont eu lieu les 9, 10, 11 et 12 février 1875.

Un événement douloureux a privé la première chambre de la
Cour de l'un de ses membres, et empêché que l'arrêt ne fût rendu.

Les débats de l'affaire doivent recommencer pour vider le partage.

Le jugement du Tribunal civil de Lyon du 19 juin 1872, a décidé que les Frères des Ecoles chrétiennes avaient à bon droit

dirigé une action contre la commune de Caluire en vertu de la loi du 10 vendémiaire an IV, et il a condamné la commune en lui appliquant les dispositions de cette loi.

En fait et en droit cette décision est bien fondée.

Appréciation des faits. En fait, personne ne conteste qu'il n'y ait eu de véritables attentats contre les personnes et contre la propriété, lors de l'occupation de l'Etablissement de Caluire; mais on cherche à faire admettre que ces actes délictueux n'ont été que des faits isolés, se produisant à l'occasion d'une mesure légale et nécessaire.

C'est absolument le contraire de la vérité.

Le but véritable de l'occupation de l'Etablissement de Caluire avec expulsion de ses propriétaires, a été de concourir à la destruction de l'institut des Frères et d'assurer cette destruction en *communalisant* leur propriété.

Comment cet envahissement avec expulsion a-t-il été préparé ?

Par les hommes de la libre-pensée et par leur organe officiel, le journal l'*Excommunié*, réclamant depuis deux mois l'anéantissement de la congrégation des Frères au nom de la morale publique et de la dignité humaine.

Par qui ces actes ont-ils été accomplis ?

Par les hommes de la libre-pensée arrivés au pouvoir communal, et réalisant le même jour leur programme, en supprimant les

Ecoles des Frères à Lyon et en supprimant leur maison de noviciat
et de retraite à Caluire : Deux faits simultanés qui devaient consommer la ruine totale de l'Institut, qui tous deux étaient entâchés
d'illégalité et de violence.

Le premier, celui de la suppression des Ecoles a été déjà l'objet
de décisions de justice passées en forme de chose jugée. Le second,
déjà jugé par le Tribunal, attend la décision de la Cour.

Qu'elle a été la véritable nature de ces actes ?

Il faut remarquer dabord une chose importante ; c'est qu'il n'en
est pas un seul dont l'initiative appartienne à ce qu'on a appelé le
pouvoir central.

Nous allons l'établir :

Première décision d'occuper l'Immeuble et d'expulser les Frères, prise le 27 septembre 1870 par le Conseil municipal de Caluire,
présidé par André Vassel l'ami de Denis Brack.

Cette décision n'a pas été demandée ou provoquée par le Préfet.
S'il l'approuve quand elle a été prise, ce qui est coupable, il n'en
a pas l'initiative. Gardes nationaux de Caluire mis en mouvement
par qui ? Par le maire et Conseil municipal qui l'ont ainsi décidé à
eux seuls.

Qui est-ce qui procède à la détention illégale des Frères, et qui
est-ce qui se livre aux consommations forées pendant plusieurs jours ?
ces mêmes hommes de Caluire.

Si au bout de trois jours la garde nationale de la Croix-Rousse est requise, ce n'est pas elle qui a commencé l'œuvre mauvaise, ce n'est pas elle qui peut en partager plus tard la responsabilité, car elle n'a jamais paru.

Le 3 octobre 1870, on déclare *communale* la propriété des Frères et on ordonne pour la commune de Caluire, un inventaire de leurs biens mobiliers.

C'est le Conseil municipal qui après délibération, prend cette double décision.

Personne n'en partage l'initiative et l'odieux avec lui.

Le 6 octobre 1870, André Vassel agissant comme maire de Caluire demande l'expulsion immédiate des Frères, qui ont osé ne pas obtempérer à ses premières injonctions, il demande la distribution aux bureaux de bienfaisance de leurs provisions et la vente de leurs vins au profit des mêmes bureaux.

C'est toujours la même initiative communale.

Le préfet Challemel-Lacour se borne à autoriser une partie de ces faits et à se taire pour le moment sur les autres.

Le 8 octobre 1870, installation d'un gérant de l'immeuble déclaré communal. C'est le sieur Denis Brack rédacteur en chef du journal l'*Excommunié*.

A ce moment cette fonction est donnée, acceptée et remplie sans aucun concours du Préfet.

Du 8 octobre au 19 du même mois, pillages importants par des gens portant l'uniforme de gardes nationaux et par d'autres appartenant à la commune de Caluire.

Le rassemblement envahisseur. ceux qui ont consommé, dévasté

et pillé, n'ont reçu mission de personne, si ce n'est de l'administration municipale de Caluire.

Le 9 octobre, intervient une décision de cette même administra-
tration pour la prise de possession définitive de l'immeuble des
Frères, pour la vente de leurs provisions, des récoltes, pour l'emploi
des fonds provenant de cette vente.

Non seulement le Conseil municipal a seul l'initiative de ces décisions ; mais il les prend en dehors de tout concours du Préfet.

Le 15 octobre, le même Conseil ajourne les ventes.

Ce n'est que le 28 octobre qu'un arrêté du préfet Challemel-Lacour autorise les ventes de fruits, récoltes et provisions, en cons-
tatant les décisions antérieures, qui ne sont pas de lui, mais qu'il
accepte.

C'est encore le Conseil municipal qui change la destination du
prix de vente.

Enfin le 15 décembre 1870 paraît, il est vrai, l'arrêté de M. Challemel-Lacour relatif à la gestion de *l'ex-propréité des Frères*, à l'emploi des revenus et au mode de nomination des gérants; mais depuis
le 3 octobre pécédent, toutes ces mesures ont été prises par l'administration municipale de Caluire, et cet arrêté, digne de la plus
entière réprobation, ne fait cependant que sanctionner des faits délictueux déjà accomplis.

Ainsi il est constant que l'initiative, comme décision et comme
exécution de tous ces faits attentatoires, appartient entièrement
à la commune de Caluire, c'est-à-dire à son conseil municipal,
à son maire, à ses adjoints, à ses gardes nationaux et à ses
habitants.

Il est constant ensuite que pas un de ces actes coupables

n'était utile à la Défense nationale et n'a été demandé par ceux qui avaient mission de s'en occuper.

La prise de possession d'un immeuble de treize hectares, avec l'expulsion immédiate de ses propriétaires ;
Les consommations forcées comme moyen coërcitif ;
Les dévastations et les pillages ;
L'expropriation au profit de la commune, par délibération municipale avec sanction d'arrêtés administratifs ;
Les ventes de provisions, récoltes ou mobiliers ;
L'application du produit à un intérêt public, par décision préfectorale ;
La location à onze fermiers, des terres et jardins ;

Qu'est ce que tout cela a de commun avec la Défense nationale ? cette Défense avait si peu besoin de ce qu'on prétend avoir fait pour elle, que, pendant vingt et un jours après l'occupation violente, il n'a pas été possible d'amener dans les bâtiments, un corps de troupes quelconque, régulier ou irrégulier ; et que pour les treize hectares de terres, vignes, jardins, on les a affermés à onze habitants de Caluire, ou autres lieux, n'ayant évidemment aucune espèce d'emploi à en faire pour la défense nationale.

S'il s'agissait d'une occupation pour elle, est-ce qu'elle n'aurait pas été demandée tout d'abord par l'autorité compétente ?

Est-ce qu'elle n'aurait pas été provoquée par des besoins définis, urgents, extraordinaires ?

Est-ce qu'elle aurait entraîné l'expulsion des propriétaires et la prise de possession de leur chose, *au nom de la commune ?*

Est-ce qu'elle aurait rendu nécessaire l'expropriation *par voie administrative ?*

- Est-ce que la défense nationale, après avoir occupé l'immeuble, chassé les propriétaires, distribué ou laissé piller les meubles, aurait encore voulu que le prix de ce qui restait du mobilier ou des approvisionements, lui fût attribué?

Où est-ce que la Défense nationale a suscité de semblables énormités?

La nature véritable de ces actes n'a donc rien qui permette d'en attribuer l'origine à la Défense nationale..

Si cela est démontré par les faits qui ont précédé l'occupation, ceux qui l'ont suivie le prouvent avec non moins d'évidence?

Du 19 octobre 1870 aux derniers jours de janvier 1871, des corps irréguliers sont logés dans une partie de l'immeuble des Frères à Caluire, sans néanmoins que la commune cesse de le détenir et d'y exercer son prétendu droit de propriété. C'est dans cette période qu'un gérant loge avec les siens, dans cette maison et répond à tous venants;

Qu'on vend aux enchères les provisions et récoltes au nom de la commnne;

Que la commune fait dresser un inventaire de ce qu'elle s'est approprié;

Qu'on afferme les terres, les vignes et jardin, au nom de la commune;

En sorte qu'il est permis de remarquer, que si les véritables propriétaires ont été expulsés pour la Défense nationale qui n'avait pas alors un seul franc-tireur dans la maison;

Celle qui est devenue propriétaire par voie d'attentat, reste au contraire pendant que des troupes sont logées dans la même maison.

Lorsque ces soldats irréguliers à tous les points de vue, sont partis, lorsque le projet de créer là un hôpital a été abandonné, et que le ministre de la guerre a décidé qu'il n'y aurait plus de troupes logées dans l'établissement de Caluire, l'immeuble est-il abandonné par l'administration municipale de Caluire? quand la Défense nationale non seulement ne fait pas usage de ces locaux, mais prescrit par l'organe du ministre de la guerre et du préfet Valentin, de les restituer à leurs propriétaires, la commune exécute-t-elle cet ordre?

La commune n'en tient aucun compte, elle continue à détenir l'immeuble par son représentant; elle refuse de recevoir les actes de procédure jusqu'au 8 mai 1870, c'est-à-dire pendant plus de trois mois, et cela malgré les décisions de justice qui se succèdent.

Le logement des corps de troupes n'a donc été qu'un accident, un fait secondaire : avant ce logement, c'est la commune qui occupe et qui expulse; pendant ce logement, c'est la commune qui possède; après ce logement, c'est la commune qui continue à administrer ce qu'elle prétend être sa chose.

Les faits qui précèdent l'usage pour la Défense nationale, les faits qui se perpétuent pendant cet usage, les faits qui suivent cet usage, établissent donc que l'envahissement de la propriété des Frères, leur expulsion et leur spoliation sous divers formes, sont des attentats de l'administration municipale de Caluire et des habitants de cette commune; attentats accomplis sous prétexte de Défense nationale, mais en réalité, pour *communaliser* les biens d'une congrégation, et se débarraser définitivement des personnes qui la composent.

Soutenir que ces faits sont motivés par la Défense nationale, et ont eu lieu pour elle, c'est prendre le prétexte pour la réalité et l'accessoire pour le principal.

Y a-t-il eu réquisition de l'Immeuble de Caluire ?

On a insisté beaucoup sur ce que l'occupation de l'établissement des Frères n'était, en définitive, que le résultat d'une réquisition.

Est-ce admissible ?

Voyons d'abord quel est le droit de réquisition, et comment il peut s'exercer.

La réquisition est une demande faite par l'autorité publique dans les cas urgents et les circonstances extraordinaires, demande qui met une chose à la disposition de l'Etat (Voir Daloz, v° *Réquisitions,* n°ˢ 2 et suiv.).

La réquisition ne s'applique qu'à des objets mobiliers destinés aux troupes, c'est-à-dire aux voitures, charrettes, chevaux, bêtes de somme ou de trait, pailles, fourrages, pain, viande, etc., etc... (Décrets des 26-29 avril 1792 et des 18-24 juin 1792.)

Cependant un décret célèbre, celui des 23-24 août 1793, alla beaucoup plus loin, il ordonna la réquisition de tous les citoyens français, de toutes les armes, et donna des pouvoirs illimités aux représentants du peuple en mission. Mais il se borna à mettre à la disposition de la Défense : les places publiques, les biens nationaux, sans rien dire des immeubles appartenant aux particuliers.

Les articles 5 et 6 de ce décret auraient-ils autorisé le Comité de Salut public et les représentants du peuple investis de pouvoirs illimités, à s'emparer de la propriété privée pour la défense ? Il est permis de le supposer, quoique rien de semblable ne se trouve dans le texte de ces articles ni dans les autres dispositions du décret.

Quoi qu'il en soit, la loi du 19 brumaire an iii (9 novembre 1794) a certainement supprimé ce pouvoir, s'il a jamais existé.

L'article 2 déclare qu'il n'y aura plus de réquisitions illimitées.

L'article 6 décide que les réquisitions ne pourront être faites que par la Commission des approvisionnements et sous la surveillance du Comité de Salut public ; et l'article 10 étend ce pouvoir aux représentants du peuple près les armées de terre et de mer, dans les cas urgents seulement.

D'après l'article 12, les municipalités des communes n'ont qu'à faire exécuter les réquisitions.

L'article 16 punit de six ans de fer tout individu qui fera au nom et pour le compte de la République des réquisitions sans y être autorisé, ou qui excéderait celles qu'il serait chargé d'exécuter.

Les articles 1, 3, 4, 5, 7, 18 prouvent qu'il ne s'agit toujours que des denrées, subsistances ou objets nécessaires aux armées.

Il faut donc reconnaître que le droit de réquisition ne s'applique qu'aux denrées, subsistances, approvisionnements ou objets mobiliers.

Qu'il ne peut plus s'exercer que par ceux qui ont été investis d'un pouvoir spécial pour cela;

Qu'une peine rigoureuse punit les réquisitions non autorisées ou excessives;

Que toutes sont faites au nom de l'Etat et pour les besoins de l'Etat.

Un décret du 15 décembre 1813 s'occupa de nouveau des réquisitions. Il chargea le préfet de nommer un commissaire qui recevrait les denrées requises, en fournirait le récépissé, et livrerait lui-même aux gardes magasins militaires.

Les préfets devaient donc présider aux réquisitions, qui toujours ne s'appliquaient qu'aux denrées et approvisionnements pour les armées.

Les immeubles privés, les maisons, les jardins, les champs et les terres ne peuvent donc être légalement l'objet d'une réquisition.

Cependant ces biens échappent-ils à toute occupation temporaire, en définitive, pour la défense du pays?

Ils peuvent être expropriés en vertu de la loi du 30 mars 1831 et de celle du 3 mai 1841, pour des travaux de fortification;

Ils peuvent être occupés d'urgence pour les besoins d'une défense immédiate par le commandant des troupes après décision d'un Conseil de guerre (art. 36, 37, 38. Loi du 8 juillet 1791);

Enfin, ils peuvent être employés au logement des troupes dans certains cas et sous certaines conditions prévues (art. 8, titre V. Loi du 8 juillet 1791).

Nous examinerons bientôt, avec détail, cette dernière hypothèse.

En dehors de l'expropriation, de l'occupation pour les faits de guerre, et de l'emploi sous certaines conditions, au logement des troupes, les immeubles ne peuvent être l'objet d'une réquisition.

Dans les trois cas qui viennent d'être rappelés, c'est toujours l'autorité militaire qui agit.

Ce qui s'est passé pour l'immeuble de Caluire, composé de vastes bâtiments, de jardins et de 13 hectares de terres. Peut-il être considéré comme une réquisition ?

Le 27 septembre 1870, le Conseil municipal de Caluire, usant de la puissance et du style d'un pouvoir souverain, estimant que la propriété des Frères peut être convertie en ambulance, en caserne, ou recevoir toute autre destination jugée nécessaire à la défense nationale décide, à l'unanimité, le départ des Frères et des novices résidant dans cette propriété, et déclare que *cet ordre* leur sera signifié par les trois adjoints, accompagnés d'un piquet de gardes nationaux qui devra s'établir, dans cet immeuble, aux frais des Frères, jusqu'à complète évacuation.

D'abord, il ne s'agit ici ni de denrées, ni de fourrages, ni d'approvisionnements militaires, dont le besoin se fasse sentir et dont le Conseil municipal ait à se préoccuper.

Il ne s'agit pas davantage d'occupation pour des fortifications; il n'en a jamais été question.

Enfin, si l'on prévoit l'utilité éventuelle d'une caserne, à ce moment, aucune troupe n'a besoin d'être logée. Cela est si vrai, que quelques hommes ont reçu des billets les jours précédents et sont déjà repartis de la commune.

Que veut donc le Conseil municipal, et que fait-il?

Il le dit très-clairement : *Il veut convertir l'immense établissement des Frères ignorantins.*

En quoi veut-il le convertir? Il ne le sait pas encore d'une manière bien précise ; --- ce sera *en ambulance, en caserne ou tout autre désignation jugée nécessaire.*

Mais, d'ores et déjà, que fait-il? *Il ordonne le départ de tous les novices et Frères pour leurs foyers respectifs.*

Dès le lendemain, *il envoie ses adjoints et gardes nationaux pour les expulser,* et veut que ces hommes armés *s'établisseut dans la maison, aux frais des Frères, jusqu'à complète évacuation.*

Comment des décisions et des mesures d'exécution aussi attentatoires peuvent-elles être considérées comme une réquisition licite?

Où est l'urgence extraordinaire qui motiverait une occupation semblable?

Quel est le besoin pressant, actuel, auquel il faille pourvoir?

Jusqu'au 19 octobre, c'est-à-dire pendant 24 jours, il ne se présentera pas un soldat, un mobile ou un franc-tireur à loger, malgré les efforts de Vassel pour en obtenir.

Qui peut avoir investi les conseillers municipaux du pouvoir de s'emparer d'un immeuble? Le préfet, dit-on, a approuvé la délibération, et le préfet ayant des pouvoirs extraordinaires, son approbation suffit pour légitimer la décision de l'administration municipale de Caluire.

Thèse aussi fausse que téméraire !

M. Challemel-Lacour n'était pas encore commissaire extraordinaire le 27 septembre 1870 ; il ne l'est devenu que postérieurement et il n'a signé son approbation que comme préfet.

Fût-il commissaire extraordinaire, il ne pouvait faire revivre le décret du 24 août 1793, abrogé par la loi du 19 brumaire an III et par toutes les lois qui ont suivi.

M. Challemel-Lacour n'a point fait de réquisition et n'en a approuvé aucune ; ce qu'il approuve, c'est la conversion du vaste établissement en ambulance, caserne ou toute autre désignation, c'est l'expulsion immédiate des Frères et novices, c'est l'occupation de leur maison par des gens armés, avec consommations forcées.

La conversion de l'établissement est quelque chose d'encore indéterminé ; mais l'expulsion immédiate des Frères par la force, voilà ce que veulent les municipaux de Caluire, voilà ce qu'approuve le préfet Challemel-Lacour, voilà ce qui est exécuté dès le lendemain de son approbation, et ce qui, pour tout homme de bon sens et de bonne foi, n'est, sous aucun rapport, une réquisition.

On a prétendu qu'il y avait eu réquisition semblable vis-à-vis d'autres établissements religieux.

Cela n'est pas exact.

Certaines maisons ont été occupées par l'ordre du préfet Challemel-Lacour, pour loger des troupes ou pour créer une fabrique de cartouches.

L'ordre émanait du préfet seul et non d'un conseil municipal. L'occupation était motivée sur des besoins définis et immédiats.

Il n'a jamais été question de convertir ces maisons en établissement dont la nature serait déterminée ultérieurement.

Ces mesures, vis-à-vis de plusieurs propriétés, ont pu être enta-chées d'une certaine illégalité. Nulle part, même à Lyon, elles n'ont caractérisé l'attentat vis-à-vis des biens et des personnes, au même degré qu'à Caluire.

Nous avons voulu savoir comment les réquisitions avaient lieu sous l'empire d'une véritable nécessité, dans les pays envahis par l'armée ennemie et défendus par les troupes françaises. Nous nous sommes adressés au Mans, cette ville où se trouvait une partie de l'armée de la Loire, et qui fut témoin de la lutte, puis de la retraite et enfin victime de l'invasion.

Là certes, on pouvait à bon droit invoquer les nécessités suprêmes et urgentes. Le séminaire de St-Vincent, du Mans, a servi de caserne et d'ambulance, des soldats français de toutes armes, des francs-tireurs y ont été envoyés pendant la guerre, mais les prêtres attachés à l'établissement ont continué à y résider et n'ont eu aucune plainte à adresser aux hommes de troupes.

Pour le collége de Ste-Croix, au Mans, dirigés par les Jésuites, le même fait s'est produit : occupation des locaux par des troupes de toutes armes. Continuation de la résidence des propriétaires et absence de dégâts.

La même chose avait lieu au collége des Jésuites, à Poitiers. (Voir lettres et notes au dossier.)

On peut donc affirmer que l'occupation des établissements reli-gieux sur le théâtre de la guerre, dans les cas de nécessité les plus réels et les plus urgents, n'ont entraîné nulle part l'expulsion des prêtres ou des religieux, la prise de possession par la commune, les pillages et les dévastations; et il est indubitable que l'occupation d'un immeuble dans des circonstances pareilles, n'exige ni l'expulsion des propriétaires, ni les violences contre leurs personnes ou leurs biens.

A Caluire, il n'y avait, le 28 septembre 1870, et il n'y a eu depuis aucune réquisition, mais de véritables attentats contre les personnes et contre la propriété.

Ne doit-on voir dans l'occupation de l'immeuble des Frères, qu'un logement militaire, dans les conditions prévues par la loi du 8 juillet 1791 ? Devant la Cour, un des organes du ministère public reconnaissant qu'on ne pouvait invoquer la réquisition et repoussant l'application de la loi de vendémiaire an IV, a pensé que ce qui avait eu lieu à *Caluire*, devait être considéré comme un logement de troupes, en vertu du titre V de la loi du 8 juillet 1791.

Ce système n'est pas fondé et ne peut être accueilli par la Cour.

Il est vrai que, d'après la loi du 8 juillet 1791, il peut arriver que des troupes soient logées dans des immeubles appartenant à des particuliers et que les municipalités interviennent, mais quand la chose peut-elle avoir lieu et à quelles conditions ?

L'art. 2 tit. V de la loi du 8 juillet 1791, commence par décider « *que dans aucune ville de l'intérieur les municipalités ne pourront* « *être tenues de fournir logement, emplacement ou magasin pour l'usage* « *des troupes, qu'autant que ceux actuellement existants ne seraient pas* « *suffisant.* »

Y avait-il insuffisance de locaux à Caluire, pour le logement des troupes ? Evidemment non, puisqu'il n'y avait point de troupes.

La délibération du 27 septembre constate ce fait, puisqu'elle dit que l'établissement sera converti *en ambulance, caserne ou tout autre désignation :* il n'y avait donc pas de logements à effectuer.

L'art. 8, titre V, dispose que faute de bâtiments affectés au logement des troupes, « il y sera pourvu, autant que faire se pourra,

« en établissant lesdites troupes dans des *maisons vides et conve-*
« *nables.*

« Ces maisons *devront être choisies* par des commissaires des
« guerres qui seront autorisés à requérir *les soins et l'intervention*
« *des municipalités,* pour leur faciliter l'établissement des logements
« dont ils seront chargés.

« De plus, *les agents militaires désignés à cet effet par les règle-*
« *ments,* feront, en présence d'un ou de plusieurs officiers munici-
« paux, *la reconnaissance des maisons qui seront louées,* afin
« de constater l'état dans lequel elles se trouveront, et afin de
« pouvoir, au départ des troupes, estimer, s'il y a lieu, des indem-
« nités dues aux propriétaires pour les dégradations qu'auraient
« éprouvées lesdites maisons. »

Est-ce que les bâtiments des Frères à Caluire étaient vides ?

Est-ce qu'ils ont été choisis par des commissaires des guerres ou
par ceux qui remplissaient semblables fonctions ?

Est-ce que les officiers municipaux de Caluire ont été requis
d'intervenir ?

Est-ce que les agents militaires ont fait la reconnaissance et les
estimations ordonnées par la loi ?

Rien de semblable ne s'est produit.

Près d'un mois après l'envahissement de la propriété et l'expulsion des Frères, des troupes irrégulières sont venues loger dans
ces bâtiments régis au nom de la commune.

Ces logements n'étaient pas nécessités par l'insuffisance des
locaux ; et si les bâtiments étaient vides, c'est que la violence en
avait chassé les propriétaires. On ne dressait ni reconnaissance ni
estimation, parce que les conseillers et les habitants de la commune

voulaient que leurs dégâts puissent être imputés aux troupes de passage dont ils avaient sollicité la venue pour dégager leur responsabilité. (Voir délibérations municipales du 9 et du 16 octobre 1870.)

Il y a eu logement de troupes, du 19 octobre 1870 au 10 janvier 1871, mais ce fait, qui n'avait motivé ni l'occupation de l'immeuble, ni l'expulsion des propriétaires, n'est, en réalité, qu'un accident superposé à la prise de possession par et pour la commune. L'Etat n'a jamais pris possession des bâtiments dont il s'agit. L'arrêté du Tribunal des conflits, en date du 8 février 1873, le décide souverainement en ces termes : « si les délibérations ont été « indûment approuvées par Challemel-Lacour, préfet du Rhône, « il n'y a pas eu cependant prise de possession au nom de l'Etat, « des biens de Dugave et Bransiet. » (Frères des écoles chrétiennes. Voir Dalloz, périod. 3ᵉ partie, année 1873, page 19.)

Enfin le logement pendant trois mois sur huit et demi d'occupation, ce logement dans une partie de l'immeuble, certains locaux construits et 13 hectares de terres n'étant nullement employés à cela, ne peut être considéré comme le but principal de la détention de la propriété, il n'a fait que succéder à l'expulsion des propriétaires et a eu lieu pendant qu'un régisseur communal continuait à administrer.

Sans aucun rapport, il ne peut donc être assimilé aux faits prévus par le titre V de la loi du 8 juillet 1791.

L'Etat peut-il être responsable des pillages, dévastations, etc., commises dans l'immeuble des Frères ?

Au nom de la commune de Caluire, au nom de M. Challemel-Lacour et des conseillers municipaux, on a répété à maintes reprises, que les Frères devaient s'adresser à l'Etat pour obtenir la réparation civile qui leur est due; on a plaidé que le pouvoir central était derrière Challemel-Lacour, qui lui-même était derrière les conseillers municipaux et le maire de Caluire. On a essayé de faire admettre qu'on avait occupé l'immeuble dans l'intérêt de l'Etat, qui en avait usé pour ses troupes de passage, et que cela était si vrai que le ministre de la guerre avait ordonné la restitution aux propriétaires quand il n'en avait plus besoin.

L'Etat se reconnaît débiteur d'une indemnité pour le logement des troupes et pour les dégâts commis par elles ; mais il repousse toute responsabilité résultant du fait de M. Challemel-Lacour, son préfet, ou du fait de la municipalité et des habitants de Caluire. (Voir lettre du ministre de Broglie et arrêté de conflit du 8 février 1873.)

Comment soutenir avec quelque raison que le pouvoir central a été engagé par les faits illégaux et délictueux de M. Challemel-Lacour ! Quel est l'esprit droit qui pourra acquérir la conviction que l'attentat sur les biens et la personne des Frères, commis par le maire, les adjoints, les conseillers municipaux, les gardes nationaux et les habitants de Caluire, engage la responsabilité de l'Etat ?

L'arrêté de conflit du 8 février 1873, rendu dans cette affaire elle-même, n'a-t-il pas préjugé souverainement cette question ?

Renvoyer les Frères à l'Etat pour obtenir autre chose qu'une somme représentant le prix du logement et la valeur de quelques dégâts spéciaux, c'est substituer une responsabilité imaginaire aux responsabilités les plus réelles, et vouloir faire accepter ce que l'équité ne repousse pas moins que les principes de droit les plus certains.

Il n'y a point eu de réquisition vis-à-vis de l'établissement des Frères à Caluire, mais prise de possession violente et détention attentatoire par la commune.

Il n'y a point eu de logemeuts militaires dans les conditions prévues par le titre V de la loi du 8 juillet 1871.

Il y a une dette de l'Etat déterminée par le seul usage qu'il a fait de l'immeuble durant trois mois.

Il n'y a aucune responsabilité de l'Etat quant aux pillages, aux dévastations et à l'expulsion des Frères.

Application de la loi du 10 vendimiaire an IV.

En dehors de l'indemnité pour le logement des troupes et les dégâts causés par elles, n'est-il dû aucune réparation civile aux Frères des Ecoles chrétiennes?

Personne n'oserait le soutenir. S'il leur est dû réparation, qui peut en être tenu, et en vertu de quelles dispositions légales?

C'est un principe élémentaire, que les dommages-intérêts sont dus par ceux qui ont causé le préjudice. En l'appliquant à l'espèce, la réparation serait due par le maire, les adjoints, les conseillers municipaux, certains habitants de Caluire et M. Challemel-Lacour, qui tous sont auteurs du dommage.

Mais les faits accomplis ont un caractère délictueux qui ne peut être méconnu; ils se sont produits dans des circonstances et sous une forme telles, que les règles ordinaires du droit civil sont insuffisantes à leur égard.

Ainsi, les dispositions des articles 1382 et 1384 du Code civil sont inapplicables, parce qu'elles prévoient d'autres situations, d'autres agents et des faits dommageables d'une autre nature.

Il en est de même des articles 1992, 1998 et 2000 du Code civil, déterminant les responsabilités qui naissent du mandat. Les gens de Caluire qui ont agi au nom de la commune n'étaient pas ses mandataires civils.

Le caractère délictueux des faits, leur perpétration par un certain nombre d'hommes réunis exige donc le recours à la loi spéciale du 10 vendémiaire an IV.

Son article 1er pose le principe général que tous les citoyens habitant la même commune sont civilement garants des attentats commis sur le territoire de la commune, soit envers les personnes, soit contre les propriétés.

L'art. 1er, titre IV, édicte la responsabilité de la commune et la soumet à payer des dommages-intérêts à raison des délits commis sur son territoire par des attroupements ou rassemblements.

L'art. 6 du titre IV est relatif au pillage et aux mauvais traitements, par suite des rassemblements et attroupements.

L'art. 1 du titre V règle les dommages-intérêts à raison des vols ou pillages, à la suite des mêmes rassemblements ou attroupements.

Y a-t-il eu attentat envers la propriété et envers les personnes, à Caluire, le 28 septembre 1870 et les jours suivants?

Introduction, avec menaces, de fonctionnaires et autres gens dans le domicile d'un citoyen, hors le cas prévu par la loi (délit prévu par les art. 184 et 186 du Code pénal).

Détention arbitraire des Frères et séquestration (art. 341 et 343 du Code pénal).

Extorsion de vivres et boissons à l'aide de menaces verbales (art. 400 du Code pénal).

Destructions diverses et dommages (art. 440, 443, 444, 446 du Code pénal).

Occupation violente d'une propriété privée et détention de cet immeuble, malgré les décisions de justice, pendant huit mois et demi.

Il y a donc eu des attentats.

Ces attentats ont-ils été le fait de rassemblements ou d'attroupements?

Plus de trente personnes armées ou non armées, conduites par trois adjoints, ont envahi la propriété des Frères, les ont enfermés dans leur enclos, puis, dans leur maison, se sont fait servir à boire et à manger pendant plusieurs jours, et enfin les ont expulsés jusqu'au dernier.

A la suite de ces agissements du rassemblement et de l'installation d'un régisseur communal avec son aide, des pillages et des dévastations considérables se sont accomplis sans aucun obstacle et sans aucune répression.

Est-il possible de douter que le titre 1er, l'art. 1, titre IV et l'art. 1, titre V de la loi du 10 vendémiaire an IV, soient applicables à ces faits?

Mais, dit-on, la commune ne pouvait s'opposer à ce que tout cela eut lieu?

Ce n'est point exact: sans engager une lutte armée, elle pouvait s'opposer de diverses manières à ces actes, elle ne l'a pas fait, elle sait abstenue, car la démarche de M. Joannon et de quelques habitants à la préfecture, n'a jamais eu un caractère de résistance, et, d'ailleurs à l'époque où elle a eu lieu (28 octobre), les faits les plus graves étaient consommés.

On va plus loin; on prétend que le rassemblement était dirigé par l'autorité communale, composé de gardes nationaux régulièrement convoqués et munis d'une approbation du préfet.

La résistance était interdite, dit-on, sous peine de rébellion.

L'initiative d'un Conseil municipal pour des faits attentatoires et l'approbation coupable d'un préfet, ne changent pas leur nature et ne rendent pas licite ce qui ne l'était pas.

A Caluire, personne ne se méprenait sur ce qui avait lieu. Le garde-champêtre a protesté. Le secrétaire de la mairie en a fait autant. Des gardes nationaux venus à l'appel, sans connaître à quel service on allait les employer, se sont retirés quand ils ont appris qu'on allait expulser les frères. Une partie considérable des habitants se sont éloignés du théâtre de ces violences et ont empêché les leurs de s'y rendre. Ainsi, la conscience publique faisait déjà justice de ces apparences d'autorité et de régularité pour consommer de véritables délits.

D'ailleurs, la loi de vendémiaire distingue-t-elle entre la qualité des auteurs d'attentats envers les personnes et les biens? Nul lement.

Est-ce que la garantie devrait s'effacer ou devenir moindre, parce que les agents revêtus d'une fonction municipale seraient plus coupable de l'abus qu'ils ont commis?

Telle n'est pas l'opinion de M. Dalloz (V. v° *Commune*, tit. IX, ch. 2, n° 2691); telle ne peut-être l'opinion d'aucun jurisconsulte sérieux. Le Tribunal, dans le jugement dont est appel, en a fait justice dans des termes véritablement décisifs.

Enfin, peut-il y avoir rébellion quand on s'oppose à des délits ou à des attentats, et cela pour obéir aux prescriptions de la loi ?

A qui fera-t-on croire que les habitants de Caluire, qui auraient employé la force pour arrêter le rassemblement destiné à envahir la propriété des Frères; traduits pour ce fait devant un Tribunal, auraient trouvé des juges qui les auraient condamnés comme coupables de rébellion? Ne faudrait-il pas pour cela violer les principes de droit les plus incontestables et méconnaître les notions de justice les plus élémentaires?

On finit par faire appel aux sentiments de pitié pour *la mal- heureuse commune de Caluire*, qui n'a pu empêcher les dévastations et les pillages, et dont les habitants honnêtes seraient tenus par la loi de vendémiaire de réparer ce qu'on ne peut leur reprocher !

Rien de moins fondé en droit et en fait.

L'application de la loi de vendémiaire amène partout ce résultat que les gens honnêtes paient pour les coupables. Elle veut même qu'il en soit ainsi, parce que son but est d'exciter les gens de bien à empêcher que des attroupements et des rassemblements ne commettent des attentats contre les personnes et les propriétés. Est-ce qu'à Lyon les habitants honnêtes ne sont pas condamnés à payer les dommages-intérêts aux Carmes, aux Jésuites, aux Missions-Africaines?

En droit, la commune de Caluire ne peut invoquer aucune exception en sa faveur.

En fait, est-elle plus digne d'être écoutée? La grande majorité de ses habitants n'a-t-elle pas approuvé les violences et les dévastations commises au préjudice des Frères, en renommant les conseillers municipaux qui en sont les auteurs? La même majorité n'a-t-elle pas voulu faire comprendre qu'elle ne tenait pas compte des premières décisions de justice, et n'est-il pas permis de supposer, par son attitude, qu'elle encouragerait les mêmes faits si elle ne se chargeait pas elle-même de les renouveler?

Voilà ce qui devrait appeler l'intérêt sur la Commune, et faire écarter l'application des lois qui la rendent civilement reponsable !

De tout ce qui précède, concluons-que la Cour, en confirmant le jugement dont est appel, fera véritable et bonne justice.

Lyon, 1875.

Mᵉ P. BRAC DE LA PERRIÈRE, Avocat.

Mᵉ POMMIER, Avoué.

Lyon.— Impr. Mougin-Rusand, rue Stella, 3